Mathis Rasmußen

David kommt an Sauls Hof. Biblische Exegese Altes Testament (1. Sam 16, 14-23)

GRIN Verlag

Bibliografische Information der Deutschen Nationalbibliothek:

Die Deutsche Bibliothek verzeichnet diese Publikation in der Deutschen National-
bibliografie; detaillierte bibliografische Daten sind im Internet über http://dnb.d-
nb.de/ abrufbar.

Dieses Werk sowie alle darin enthaltenen einzelnen Beiträge und Abbildungen
sind urheberrechtlich geschützt. Jede Verwertung, die nicht ausdrücklich vom
Urheberrechtsschutz zugelassen ist, bedarf der vorherigen Zustimmung des Verla-
ges. Das gilt insbesondere für Vervielfältigungen, Bearbeitungen, Übersetzungen,
Mikroverfilmungen, Auswertungen durch Datenbanken und für die Einspeicherung
und Verarbeitung in elektronische Systeme. Alle Rechte, auch die des auszugsweisen
Nachdrucks, der fotomechanischen Wiedergabe (einschließlich Mikrokopie) sowie
der Auswertung durch Datenbanken oder ähnliche Einrichtungen, vorbehalten.

Impressum:

Copyright © 2014 GRIN Verlag GmbH
Druck und Bindung: Books on Demand GmbH, Norderstedt Germany
ISBN: 978-3-656-90191-4

Dieses Buch bei GRIN:

http://www.grin.com/de/e-book/292995/david-kommt-an-sauls-hof-biblische-
exegese-altes-testament-1-sam-16

GRIN - Your knowledge has value

Der GRIN Verlag publiziert seit 1998 wissenschaftliche Arbeiten von Studenten, Hochschullehrern und anderen Akademikern als eBook und gedrucktes Buch. Die Verlagswebsite www.grin.com ist die ideale Plattform zur Veröffentlichung von Hausarbeiten, Abschlussarbeiten, wissenschaftlichen Aufsätzen, Dissertationen und Fachbüchern.

Besuchen Sie uns im Internet:

http://www.grin.com/

http://www.facebook.com/grincom

http://www.twitter.com/grin_com

Exegese zu 1. Sam 16$_{14\text{-}23}$

Vorgelegt von:

Mathis Rasmußen

Inhaltsverzeichnis

1. Textkritik zu 1. Sam 16, 14-23

Die Textkritik entsteht ohne Hebräischkenntnisse. Da dies eigentlich nicht möglich ist, verwende ich die Bibelübersetzung der Elberfelder Bibel[1] und wissenschaftliche Kommentare von Fritz[2], Hentschel[3] und Bar-Efrat[4].

1.1 Textkritik zu 1. Sam 16, 19-20

Elberfelder: „[19] Da sandte Saul Boten zu Isai und ließ ihm sagen: Sende deinen Sohn David zu mir, der bei den Schafen ist! [20] Da nahm Isai einen Esel und belud ihn mit Brot([93]so nach LXX und der alten lat. Üs; Mas. T: einen Esel Brotes; d.h. mit so viel Brot beladen, wie ein Esel tragen kann) und einen Schlauch Wein und ein Ziegenböckchen und sandte es Saul durch seinen Sohn David."

Wissenschaftliche Kommentare fassen die Diskussion wie folgt zusammen: Hentschel[5] übersetzt folgendermaßen: „[19]Da schickte Saul Boten zu Isai und ließ ihm sagen: Schick mir deinen Sohn David, der bei den Schafen ist. [20] Isai nahm einen Esel, dazu Brot, einen Schlauch Wein und ein Ziegenböckchen und schickte seinen Sohn David damit zu Saul."

Die Übersetzung nach Fritz lautet[6]: „[19] Da sandte Saul Boten zu Isai und sagte: <<Schick David, deinen Sohn, zu mir [, welcher beim Kleinvieh ist].>> [20] Und Isai nahm einen Esel, Brot, einen Schlauch Wein und ein Ziegenböckchen und sandte dies durch seinen Sohn David an Saul."

Als Grundlage für die Textkritik dient die Übersetzung der Elberfelder Bibel[7]. Die Anmerkung in V.20 in der ELB bedeutet, dass hier die griechische Übersetzung der Septuaginta bzw. die altlateinische Übersetzung verwendet wurde: „Da nahm Isai einen Esel und belud ihn mit Brot und einen Schlauch Wein und ein Ziegenböckchen und sandte es Saul durch seinen Sohn David. Im Masoretischen Text steht an dieser Stelle: „Da nahm Isai einen Esel Brotes." Inhaltlich steht in beiden Übersetzungen das gleiche. Isai belädt den Esel mit Brot und weiterem Proviant und schickt David damit zu Saul.

Die äußerere Textkritik: Der masoretische Text ist die zuverlässigere und gewichtigere Übersetzung und ist dem Urtext am nächsten. Deshalb ist dieser Textzeuge der Septuaginta und der altlateinischen Übersetzung vorzuziehen.

---

[1] ELB[4], 1995.
[2] Stolz: Samuel.
[3] Hentschel: Kommentar.
[4] Bar-Efrat: Samuel.
[5] Vgl. Hentschel: Kommentar, 107.
[6] Vgl. Stolz: Samuel, 108f.
[7] ELB[4], 1995.

Bei der inneren Textkritik haben sich zwei Regeln ausgebildet: *Lectio difficilior lectio probailior*: Die schwierigere Lesart von zweien ist die wahrscheinlichere. Die zweite Regel lautet: *Lectio brevior lectio potior*: Die kürzere Lesart ist vorzuziehen. Die Lesart des MT ist kürzer und schwieriger zu lesen. Somit kann zusammenfassend gesagt werden, dass, auch, wenn die Übersetzungen sich an der Lesart der LXX und der altlateinischen Übersetzung orientieren, die Lesart des MT die ursprüngliche Lesart ist.

2. Literarkritik

2.1 Kontextanalyse

2.1.1 Abgrenzung

Der vorherige Abschnitt endet mit dem Bericht über die Salbung Davids durch Samuel. Der Vers 1. Sam$_{13\,b}$ lautet: „Und der Geist des HERRN geriet über David von diesem Tag an und darüber hinaus. Samuel aber machte sich auf und ging nach Rama."[8] Der Ortswechsel beschreibt hier eine deutliche Schlussformel. Auch das Ende des Abschnitts ist eindeutig. David kann Saul durch sein Spiel auf der Zither Erleichterung bringen, so dass der böse Geist von ihm weicht. Der Erzähler stellt einen harmonischen Ausgangspunkt des Geschehens her.[9] Kapitel 17 beginnt dann mit einem Personen- und Ortswechsel in V.1. Die Textstelle 1. Sam 16$_{14-23}$ ist somit nach vorne und nach hinten eindeutig abgegrenzt.

2.1.2 Kontext

Der Leser weiß bereits, dass Sauls Untergang und Davids Aufstieg, und damit die Entzweiung der beiden, feststeht.[10] Dieser Abschnitt erzählt also von der ersten Begegnung zwischen dem amtierenden und dem zukünftigen König Israels. Saul selbst lädt seinen Nachfolger und den Konkurrenten seines Sohnes in sein Haus ein. Darüber hinaus ist David hier noch passiv am Geschehen beteiligt.[11] Die Themen der meisten Erzählungen bis zum Ende des 1. Samuelbuches werden die Entwicklung der Beziehung zwischen David und Saul sein.[12] Die Sicht ist einseitig: Saul wird als der alte, gefährliche und scheiternde König dargestellt. Demgegenüber steht David, der als der junge, strahlende Held, der mit Jahwes Hilfe Erfolg über Erfolg verzeichnet, emporkommt.[13] Den Zusammenhang der Sagenstoffe

---

[8] ELB
[9] Vgl. Stolz: Samuel, 111.
[10] Vgl. Stolz: Samuel: 110.
[11] Vgl. Bar-Efrat: Samuel, 231.
[12] Ebd.
[13] Vgl. Stolz: Samuel, 109.

nennt die Forschung „Geschichte von Davids Aufstieg".[14] Zudem werden Eigenschaften Davids aufgeführt, die ihn später als König legitimieren sollen.[15] Der Anfangspunkt der Aufstiegsgeschichte ist mit der Ankunft Davids an Sauls Hof markiert. Der ursprüngliche Schluss folgt, als David keinen Erfolg mehr bei der Vertreibung des Geistes hat und vor dem gereizten Saul fliehen muss (Vgl. 1. Sam 18, 10f. und 1. Sam 19, 9f.).[16] So beantwortet die Sage die Frage, weshalb David aus der Umgebung Sauls verschwinden musste.[17]

2.2 Aufbauanalyse

2.2.1 Gliederung / Textebene

In der Perikope „David bei Saul" befinden wir uns nun in Sauls Palast und in einem neuen Handlungszusammenhang. In V. 14 wird die Krankheit Sauls beschrieben, in V. 15 stellen die Knechte eine Diagnose. Die Knechte bitten Saul, ihm helfen zu dürfen, was Saul in V. 17 erlaubt. Es beginnt die Suche nach einem Zitherspieler. Ab V. 18 steigt der Spannungsbogen stärker. David wird vorgestellt und seine Charaktereigenschaften beschrieben. In V. 19 und 20 geht es inhaltlich um die Entsendung Davids zum Hof. Die Spannung ist in V. 20 am höchsten und löst sich, als Saul David lieb gewinnt (V.21). David bekommt eine Festanstellung am Hof und in V.23 schließt die Perikope mit einem harmonischen Ende. Saul findet Erleichterung durch Davids Zitherspiel.

Spannungskurve 1. Sam 16$_{14-23}$

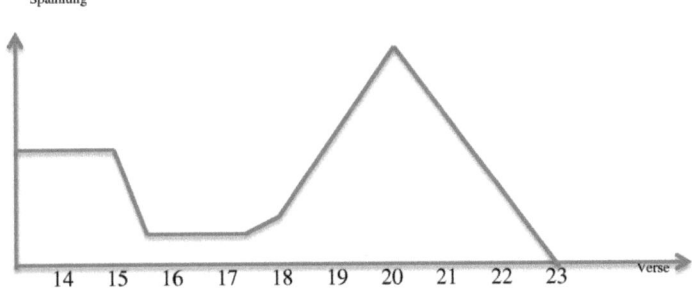

[14] Ebd.
[15] Vgl. Shimon: Samuel, 231.
[16] Vgl. Stolz: Samuel, 109.
[17] Vgl. Stolz: Samuel, 109.

2.2.2 Wortebene/Terminologie

Die Perikope „David bei Saul" ist ein nüchtern geschriebener Text ohne viele Ausschmückungen. Hauptsächlich bestimmen Nomen und Verben das Textbild. Der Anfang ist eher negativ konnotiert. Der Erzähler spricht drei Mal von einem bösen Geist von Gott, der Saul ängstigt. Adjektive findet man nur in der Beschreibung Davids. Ab V. 18 wird er als tapferer, tüchtiger, redegewandter, schöner und gottesfürchtiger Mann dargestellt. Das Positive im Text hat immer einen klaren Bezug zur Person David. Zuerst die königliche Beschreibung durch den Knecht ab V.18. Saul gewinnt dann in V. 21 David „lieb" und findet nur durch Davids Zitherspiel eine Besserung gegen den bösen Geist. Ein zusätzliches Wortfeld um Sauls Palast, mit Wörtern wie Knecht, Waffenträger, befehlen und dienen, bestimmen das restliche Textbild weitestgehend.

2.2.3 Satzanalyse/Syntax

Der Text wird im Präteritum erzählt. Die wörtliche Rede in V.16: „Und es wird geschehen, wenn [...]" steht in Futur, die wörtliche Rede in V.18: „Siehe, ich habe einen Sohn des Bethelehemiters Isai gesehen, [...]" ist im Perfekt geschrieben. Anzumerken ist, dass es in beiden Stellen inhaltlich um David geht.

In den Versen, in denen wörtliche Rede zu finden ist, steigt auch die Spannungskurve an (V.17-V.20).

Da in der Perikope hauptsächlich Haupt- und Nebensätze zu finden sind, stechen in V.16 die Relativ- und Temporalsätze heraus. Hier werden die Anforderungen an die Person geschildert, der es möglich ist, Sauls Leiden zu mildern, sobald wieder der böse Geist Gottes auf ihn kommt.

2.3 Integritätsanalyse

2.3.1 Doppel- oder Mehrfachüberlieferung

Die heutige Forschung geht davon aus, dass die Samuelbücher aus einzeln überlieferten Sagen und Anekdoten bestehen. Der Verfasser hat das Erzählgut gesammelt und in einen Zusammenhang gebracht.[18]

Bar-Efrat und Stolz sind sich einig, dass der Verfasser älteres Material nutzte und das Buch in ein „eigenes umfangreiches historiographisches Werk (Deuteronomium bis Könige) eingereiht hat[19].[20] Dabei geht die Forschung davon aus, dass es zunächst mit einer Geschichte von Davids Aufstieg begann.[21]

---

[18] Vgl. Stolz: Samuel, 17.
[19] Bar-Efrat: Samuel, 26.

Über das Eintreffen Davids am Hof Sauls wird zweimal berichtet. In der Perikope 1. Sam 16_{14-23} und am Anfang in 1.Sam 17. Beim zweiten Mal kennt Saul David nicht. So gibt es im Samuelbuch viele Dubletten und Widersprüche, die die Fülle des schriftlichen und mündlichen Materials belegen[22].

2.4 Ergebnisse

1. Sam 16_{14-23} kann als *Einfache Einheit* klassifiziert werden. Innerhalb der Erzählung gibt es keine Spannungen, Dubletten oder Widersprüche. Erst im Kontext des Buches sind diese zu erkennen. Inhaltlich ist der Text ebenso stimmig. Die Perikope wurde wahrscheinlich als einzelne Geschichte überliefert und dann in den Gesamtzusammenhang eingebettet.

3. Redaktionsgeschichte

Die Forschung ist sich einig, dass einige Redaktions- und Bearbeitungsschritte im Buch erkennbar sind. Die auffälligste Bearbeitung ist die deuteronomistische.[23] Die Samuelbücher gehören, neben den Büchern Josua, Richter, Ruth und 1. Und 2. Könige, zum DtrG[24]. Es besteht aus vielen Einzelerzählungen, die in mehreren redaktionellen Schritten zusammengefügt wurden. Die Bücher Sam – Kön werden auch als *kleines deuteronomistisches Geschichtswerk* bezeichnet. Neben den deuteronomistischen Bearbeitungen sind einige Erzählungen hinzugewachsen. Darunter sind sowohl die Salbung Davids durch Samuel (1. Sam 16_{1-13}), als auch die David-Goliat-Geschichte (1. Sam 17), welche die Perikope *David bei Saul* einschließen.[25]

Bar-Efrat formuliert drei Hauptthesen für die Überlieferung des Stoffes und die Entstehung der Samuelbücher:[26]

> (1) Ähnlich wie in den Büchern der Tora können auch im Samuelbuch zwei oder drei parallele Erzählfäden unterschieden werden, die sich durch das ganze Buch hindurch ziehen. Diese Annahme galt vor allem unter den Forschern im 19. Jh. und zu Beginn des 20. Jh.

---

[20] Vgl. Stolz: Samuel, 17.
[21] Vgl. Stolz: Samuel, 17.
[22] Vgl. Bar-Efrat: Samuel, 26f.
[23] Vgl. Bar-Efrat: Samuel, 26.
[24] Abk. Deuteronomisches Geschichtswerk
[25] Wibilex: David.
[26] Bar-Efrat: Samuel, 25f.

(2) Das Buch ist aus einzelnen, kürzeren oder längeren, Erzählungen zusammengesetzt.

(3) Das Buch ist eine Abfolge von Sammlungen, deren Erzählungen untereinander nicht parallel sind, sondern eine nach der anderen spielen. Jede dieser Sammlungen ist einem anderen Thema gewidmet. Diese Hypothese, die von Rost aufgestellt wurde, wird heute von vielen Forschern angenommen. Zu den wichtigsten Sammlungen, die unterschieden werden, gehören die Ladeerzählungen (1Sam 4-6; 2 Sam 6), der Zyklus der Saulgeschichten (1Sam 9,1-10,16; 11; 13-15), die Aufstiegsgeschichte Davids (1Sam 16- 2Sam 5) und die Thronfolgegeschichte (2Sam 9-20; 1Kön 1-2).

Die Geschichte vom Aufstieg Davids stellt eine Reihe von Erzählungen dar, wie David an den Hof Sauls kommt, dann von ihm verfolgt wird und schließlich König über Juda und Israel wird.[27]

Zuerst steht in 1. Sam 16_{14-23}, dass David wegen seiner musikalischen Fähigkeiten an den Hof gelangt. Andererseits wird Saul erst nach Davids Sieg über Goliat in 1. Sam 17_{1-58} auf ihn aufmerksam. Hentschel fügt noch ein weiteres Beispiel an: David wurde zunächst die ältere Tochter Merab zur Frau geboten (1. Sam 18_{17-19}) und erhielt später doch die jüngere Michal zur Frau (1. Sam 18_{19-27}).[28] Er schließt daraus, dass der Redaktion mehrere Traditionen zur Verfügung standen. Doch habe es der Verfasser verstanden, „[...] daraus einen geschlossenen Erzählungskomplex zu schaffen. Er nutzte geschickt die Chance, zwischen zwei parallelen Erzählungen andere einzufügen[...]".

Das positive David-Bild ermöglicht die Verknüpfung von Aufstiegs- und Thronfolgegeschichte. Hentschel begründet dies folgendermaßen: Je mehr die (erweiterte) Thronfolgegeschichte Davids Image positiv darstellt, desto näher rückt sie an Davids Aufstiegsgeschichte, der zufolge David den Beistand des Herrn hat (1. Sam 16_{18}, 17_{26}, $18_{12.24}$, 2. Sam 5_{10}).[29]

---

[27] Vgl. Hentschel: Kommentar, 36.
[28] Vgl. Ebd.
[29] Vgl. Hentschel: Kommentar, 38.

6

„Dem Aufstieg Davids und der Thronfolge Salomos wurden später Sammlungen vorangestellt [...]: Die Erzählungen über Sauls Königtum, die Jugendgeschichte Samuels und die alte Ladetradition."[30]

Die Aufstiegsgeschichte Davids setzt voraus, dass Saul amtierender König ist. Deshalb sind die Erzählungen über Sauls Herrschaft vorangestellt.[31]

Die Salbung Davids durch Samuel in 1. Sam 16_{1-13} ist eigentlich eine jüngere Einheit. Sie wird jedoch der Aufstiegsgeschichte vorgeschoben. Samuel legitimiert David als König und zeigt, dass Gott nun nicht mehr mit Saul, sondern mit David ist und macht Davids Aufstieg durch Gottes Mit-Sein möglich.[32] David kann das Erbe Sauls antreten.

4. Überlieferungsgeschichte

Die frühesten Überlieferungen der Geschichte Israels haben die Form der Sage. Sagen können sowohl historisch zutreffend oder unzutreffend berichten. Eine Sage wird mündlich weitergegeben, erzählt und gehört. Sie wird als volkstümliche Gattung, die einfachen Erzählgesetzen gehorcht, beschrieben. Aufgebaut ist sie folgendermaßen: In der Exposition wird eine irgendwie problematische Situation beschrieben. „[...] Sie berichtet dann von Verwicklungen, welche sich aus dieser Lage ergeben, und erzählt schließlich die Lösung des Konflikts"[33]. Sagen sind meist geschlossene Geschichten, die für sich alleine stehen können. Im alten Israel sind Sagen ein volkstümliches Mittel theologischen Redens und schaffen ein Stammes- und Volksbewusstsein. Sie mögen viel dazu beigetragen haben, Israels Identität als Nation und als Volk Jahwes zum Ausdruck zu bringen.[34]

Die heutige Forschung sieht die Aufstiegsgeschichte Davids, von 1. Sam 16_{14} – 2. Sam 5_{12}, als einen Erzählzusammenhang an. Innerhalb dieser Geschichte sieht man einzeln überlieferte Sagen und Anekdoten, die der Verfasser gesammelt und in einen Zusammenhang gebracht hat. Dazu finden sich historische Erinnerungen, die er nach Stolz wahrscheinlich richtig recherchiert hat.[35] Die entstandene Großsage erfüllt das klassische Schema: Exposition und Problem (Königtum Saul mit dem Nachfolger David am Hof), verschiedene Verwicklungen und schließlich das Ziel (David wird König).[36]

---

[30] Hentschel: Kommentar, 40.
[31] Vgl. Hentschel: Kommentar, 40.
[32] Vgl. Hentschel: Kommentar, 40.
[33] Stolz: Samuel, 17.
[34] Vgl. Ebd.
[35] Vgl. Ebd.
[36] Vgl. Ebd.

„Der Erzähler hat [...] populäres Erzählgut gesammelt, in einen Zusammenhang gebracht und einer gewissen Tendenz unterstellt."[37]

Man nimmt an, dass die Erzählung *David bei Saul* historisch auswertbare Daten enthält. Die Erzählung *Davids Sieg über Goliat*, ist dagegen vermutlich im späteren Verlauf David zugeschrieben worden und spiegelt kein historisches Ereignis wieder[38] Die verantwortliche Redaktion der späten Königszeit konnte auf ältere Erzählungen und Vorlagentexte zurückgreifen. Die Perikope *David bei Saul*, in der David als Musiker angestellt wird, ist vermutlich so eine Einzelerzählung.[39]

Stolz schreibt, dass die Redaktion der Aufstiegsgeschichte Davids in der Nähe des königlichen Hofes anzusiedeln ist. Politische und theologische Tendenzen schlagen sich deshalb in der Überlieferung des Erzählgutes nieder. Er sieht die Aufstiegsgeschichte als „[...] Erzählzusammenhang, der in einer Gruppe geformt und überliefert wird, sehr bald auch in schriftlicher Gestalt"[40], an. Es handelt sich bei der Überlieferung also nicht um einen einzelnen, individuellen Schriftsteller, sondern um eine Gruppe von Personen, die die Sagen und Erzählungen weitertrugen.[41]

5. Formgeschichte

Nach Stolz haben wir es im Samuelbuch mit einer Großsage zu tun, die aus Einzelüberlieferungen und eigenständiger Neugestaltung entstanden ist. Dies macht er an drei Punkten fest: Die problematische Ausgangssituation des Königs Saul, in dessen Umgebung der spätere König David lebt, über verschiedene Verwicklungen zum Ziel: dem Königtum Davids.[42] Die Perikope 1. Sam 16$_{14-23}$ weist viele Eigenschaften einer Sage auf.

Das politische Streitthema um die Königsherrschaft wird zu einem privat- persönlichen Ereignis zwischen Saul und David. David kommt als Musiker an den Hof, der dem vom bösen Geist Gottes geplagten Saul die Leiden lindern soll.

Die Handlung ist kurz und einfach gehalten. Saul, David und Isai treten namentlich in Erscheinung. Die Berater Sauls treten als Knechte auf.

Saul wird als geängstigter und geplagter König charakterisiert, der dringend nach Hilfe sucht. Bar-Efrat sieht dies als Depressionszustand an, der, im Verlauf der Großsage, in

---

[37] Ebd.
[38] Vgl. Stolz: Samuel, 17.
[39] Wibilex: David
[40] Stolz: Samuel, 17.
[41] Vgl. Stolz: Samuel, 18.
[42] Vgl. Stolz: Samuel, 17.

8

mörderische Wutausbrüche und Verfolgungswahn mündet.[43] Saul wird aber auch als liebender Mensch beschrieben, der David in sein Herz schließt (1. Sam 16$_{21f.}$). Über David wird gesagt, dass er die Zither spielen kann, ein tapferer Mann und tüchtig zum Kampf, ein guter Redner und von guter Gestalt ist und am Wichtigsten: Der Herr ist mit ihm.[44] Er wird somit sehr positiv dargestellt und beschreibt einen, für eine Sage typischen, Gegenpol zum von Gott verlassenen König Saul. Die Emporhebung Davids zum Waffenträger impliziert, dass zwischen beiden ein gutes Vertrauensverhältnis herrscht. Isai ist Bethlehemiter und Vater von David. Die Mitgabe des Esels und des Proviants kann auf Reichtum, Großzügigkeit oder auch Dankbarkeit hindeuten. Vielleicht spielt auch die Sorge um David eine Rolle.[45]

An den Textstellen, an denen wörtliche Rede vorkommt, erfährt die Handlung wichtige Impulse. Zuerst der Auftrag an die Knechte, einen Mann zu suchen, der die Zither spielt (1. Sam 16$_{17}$), die Entsendung Davids durch seinen Vater Isai (1. Sam 16$_{19f.}$) und die Festanstellung Davids am Hofe Sauls (1. Sam 16$_{22}$).

Der Anfang und der Schluss lassen sich leicht identifizieren, die Handlung beginnt von neuem mit der Krankheit Sauls und der Handlungsbogen endet mit einem harmonischen Ausgang, der Linderung seiner Leiden durch seinen Retter David.

Innerhalb der Gattung Sage kann noch differenziert werden: Die Textstelle beschreibt die Ankunft Davids am Hof Sauls und markiert den Beginn der Aufstiegsgeschichte. Die Literatur spricht bei dieser Sage von einer *Aufstiegserzählung*.

Der Sitz im Leben liegt eindeutig am Hof Sauls. Die Sprachmuster liegen im Bereich des Hoflebens um einen König. Als Beispiele bieten sich folgende Verse an: 1. Sam 16$_{16}$ „Unser Herr [hier: Saul] befehle...", 1. Sam 16$_{20}$ „So kam David zu Saul und diente ihm.", die Ernennung Sauls zum Waffenträger (1. Sam 16$_{21}$), sowie 1.Sam 16$_{23}$ „Laß doch David in meinen Dienst treten".

---

[43] Vgl. Bar-Efrat: Samuel, 22.
[44] ELB 1. Sam 16$_{18}$
[45] Siehe Hentschel: Kommentar zum AT, 107.

6. Historischer Ort

In diesem Kapitel wird die geschichtliche Situation auf den alttestamentlichen Text *David bei Saul* bezogen. Zeitlich kann die Perikope in die zweite Eisenzeit vom 10. Bis 9. Jh.v.Chr. eingeordnet werden. In dieser Epoche hat Israel sich überhaupt erst als Volk zusammengefunden und seine staatliche Existenz aufgebaut. Befestigte Städte werden in dieser Region wichtig: es gab eine Wiederaufnahme der Stadtkultur.[46]

Es gibt fünf wirtschaftlich-politische Gruppen: Die Ackerbauwirtschaft, welche die primäre Ernährungsgrundlage der Stadt sichert. Zweitens spielt der Handel, vor allem in den Küstenstädten, eine bedeutsame Rolle. Durch diese Kombination ist die Wirtschaft so erfolgreich, dass ein Großteil der Bevölkerung nicht mit der Nahrungsbeschaffung beschäftigt ist. Neben den Bauern leben die Handwerker. Um gegen Angriffe geschützt zu sein oder um selbst seine Macht durchzusetzen, gibt es den Berufsstand der Soldaten. Der religiöse Kult schließlich wird von den Priestern und anderen Kultbeamten besorgt.[47]

Diese, wie Stolz sie nennt, vielfältigen Differenzierungen, werden in der Institution des Königtums verwaltet. Weiterhin waren diese Städte politisch weitestgehend unabhängig.[48]

Neben den festangesiedelten Bewohnern gab es ein zweites Bevölkerungselement, dass der Nomaden. Sie leben in großfamiliären Sippen zusammen und pflegen mit anderen Sippen verwandtschaftliche Beziehungen. Dazu sind sie für den Kriegsfall in Stämmen organisiert und bilden Kampfesgemeinschaften. [49]

Es herrscht ein friedliches Nebeneinander zwischen Nomaden und Städtern, welches durch Unruheheerde im politischen Geschehen gestört wird:

> „Einmal kommt es unter nicht fest angesiedelten Bevölkerungselementen am oberen und mittleren Euphrat zu Wanderbewegungen, die sich nach Süden hin fortsetzen. Und auf der Anderen Seite verschieben sich Völkerschaften im Mittelmeerbereich, zu Lande und zu Wasser. Teile dieser sog. <<Seevölker>> wollen beispielsweise in Ägypten Fuß fassen, werden aber abgedrängt und setzen sich als <<Philister>> im Süden Palästinas fest. In der Nachbarschaft Palästinas entstehen die Königreiche der Edomiter, Moabiter und Ammoniter; [...]."[50]

In dieser Epoche bilden sich die Stämme und das Volk Israels und dies ist auch die Zeit, in der Samuel gewirkt hat. Dass die Entwicklung von der Dorfkultur und der Stammeskultur

---

[46] Vgl. Stolz: Samuel, 12 und Gertz: Grundinformation AT, 95.
[47] Vgl. Stolz: Samuel, 13.
[48] Vgl. ebd.
[49] Vgl. Stolz: Samuel, 14.
[50] Stolz: Samuel, 14.

bis zu Staaten als politische Organisationsform so schnell ging, hat mehrere Faktoren: Palästina ist politisch unabhängig und hat keine benachbarte Großmacht neben sich. Der Wirtschaftsaufschwung durch den Handel der Seevölker (Phönizier) lässt die Städte zu Handelszentren werden und motiviert zu überregionalen politischen Zusammenschlüssen. Der letzte Faktor ist die Reurbanisierung, Administration und Königtümer an verschiedenen Orten.

Was die Historizität anbelangt, muss angemerkt werden, dass es keine archäologischen Belege gibt, die in der Eisenzeit II von einem rivalisierenden Königtum sprechen. Jerusalem, Rehabeam, David, Juda, Jerobea I., oder „Israel" werden zumindest nicht in den Inschriften des Pharaos Schischak erwähnt, der 926 v.Chr. nach eigenen Angaben von Gaza über Geser nach Megiddo, mit Vorstößen ins Landesinnere, zog.[51]

Saul und David müssten, nach Berlejung, nach folgendem Schema agiert haben: Häuptlinge (David und Saul nennen sich *König*) versuchten, ihr Herrschaftsgebiet zu erweitern und nahmen mit einer Gruppe Soldaten, die ihnen ergeben waren, umliegende Siedlungen ein. Im Zuge dieser Eroberung konnte sich ein städtischer Führungssitz eines Stammesführers „zum Zentrum eines von hier aus regierten Territoriums"[52] entwickeln. Das Alte Testament ist für diese Periode jedoch keine zuverlässige historische Quelle, weshalb sich über Saul und David, als auch über Salomo, keine historisch gesicherten Informationen festmachen lassen.[53]

Auch sind die angegebenen Regierungsdaten unbekannt, da keine Annalen existierten. Die runde, symbolisch bedeutsame Zahl der 40 Jahre, die für Fülle und Wohlstand steht, ersetzt die Unkenntnis des Erzählers.

Die Existenz Davids als historische Person steht jedoch außer Frage. Auf einer Inschrift von Tell-Dan aus dem 1. Jahrtausend v. Chr. rühmt sich der aramäische Herrscher, Joram, den Sohn Ahabs und Ahasjahu, den Sohn Jormas, König vom *Haus-David*, getötet zu haben. Alle weiteren Informationen kann man nur den biblischen Erzählungen entnehmen.[54]

Die Perikope 1. Sam 16$_{14-23}$ kann dennoch nur als fiktive Geschichte bezeichnet werden. Mit dem Hintergrund der politischen, wirtschaftlichen und gesellschaftlichen Verhältnisse und den damit auftretenden Parallelen zum Alten Testament, wird die Historizität jedoch wahrscheinlicher.

---

[51] Vgl. Gertz: Grundinformation AT, 96f.
[52] Gertz: Grundinformation AT, 98.
[53] Vgl. Gertz: Grundinformation AT, 99f.
[54] Vgl. Wibilex: David. (31.07.14)

7. Traditionsgeschichte

In der Traditionskritik fragt man nach den sachlich- inhaltlichen Vorstellungskomplexen, die in den zu untersuchenden Text eingeflossen sind.

Das zentrale Motiv ist das Wort *Geist*. Es kommt im Text sechs Mal in verschiedenen Kontexten vor. Zum Einen gibt es den *Geist des Herrn* (1. Sam 16$_{14}$) und zum Anderen den *bösen Geist* (vom Herrn/ von Gott) (1. Sam 16$_{14, 15, 16, 23}$). Der Begriff רוח *rûaḥ* wird sowohl mit Geist übersetzt, aber auch mit *Wind / Atem / Energie* oder *Lebenskraft*. Eine Kraft von Gott, die mit Worten schwer zu fassen ist, weicht von Saul und gerät auf David. Zusätzlich kommt ein *böser Geist Gottes* auf Saul. Der Begriff kann aber auch für äußere Kräfte wie Wind und Sturm verwendet werden. Der Sinn ist jeweils dem Kontext zu entnehmen.[55]

Des Weiteren werden die Geist-Aussagen im AT bei zahlreichen Charismatikern gemacht, darunter ist auch David in 1. Sam 16,13. Durch die Geistübergabe werden diese Personen fähig, das Volk aus einer Notsituation zu retten. Der Geist ist nicht lebenslang an die Person gebunden, sondern kann, wie man bei Saul sieht, wieder verschwinden. „Bei Saul und David ist das „Ausgießen" der חור *rûaḥ* auch mit der → Salbung zum König (durch Samuel) verbunden."[56]

Ein weiteres Motiv ist das der Krankheit. So in 1. Sam 16$_{14}$ „...ein böser Geist ängstigte ihn.", 1. Sam 16$_{16}$ „... und es wird dir besser gehen.", 1. Sam 16$_{23}$ „Und Saul fand Erleichterung, und es ging ihm besser, und der böse Geist wich von ihm." Der Begriff Krankheit wird im Hebräischen mit Begriffen von Schwachheit zum Ausdruck gebracht. Weiterhin gibt es Zusätze, die die Schwere der Krankheit zeigen, beispielsweise „tödliche Krankheit" oder „krank und wieder zu Kräften gekommen".[57]

Das Wissen der Menschen über Musiktherapie im alten Israel: Medizinisches Wissen ist vor allem Erfahrungswissen. Der Erfolg der Heilung ist letztlich stets Gott zugeschrieben. Propheten werden als Mittler der göttlichen Heilkraft gesehen, sie besitzen also keine eigenen magischen Kräfte.[58] Dennoch war den Menschen bewusst, dass Musik eine beruhigende Wirkung haben kann. Gerade beim manisch-depressiven Saul scheint diese Art der Behandlung gut gewirkt zu haben, wenn sie auch nicht immer mit Erfolg gekrönt war (1. Sam 18$_{10}$; 19$_{9}$).[59]

---

[55] Vgl. Wibilex: Geist. (01.08.14)
[56] Wibilex: Geist. (01.08.14)
[57] Ebd.
[58] Vgl. Wibilex: Krankheit. (01.08.14)
[59] Vgl. Hentschel: Samuel, 106f.

8. Interpretation

Bei der Interpretation werde ich darlegen, was der Text sagt und was er in seiner Zeit bedeutet. Dazu werde ich zunächst eine Einzelinterpretation der Textstelle, an den Versen entlang, durchführen. Im Zweiten Teil wird die Gesamtinterpretation das Hauptanliegen des Textes darlegen.

8.1 Einzelinterpretation

Die Perikope *David bei Saul* beginnt mit der Beschreibung des Krankheitsbildes des Königs Saul. Der Geist des Herrn hat Saul verlassen, was an die vorangegangene Erzählung anschließt, wonach der Geist des Herrn auf David kam.[60] Deshalb schlagen die Knechte Saul vor, einen Mann zu suchen, der auf der Zither spielen kann, um den bösen Geist zu vertreiben und damit die Leiden Sauls zu lindern. Die therapeutische Wirkung von Musik ist in der Antike auch anderweitig zu belegen.[61]

Saul ist mit der Idee, einen Musiker an den Hof zu holen, einverstanden. Ein Knecht schlägt David vor, in dem er Saul eine ausführliche Charakterbeschreibung über ihn gibt und ihn maximal positiv darstellt. Anzumerken ist, dass ein junger Hirte weder bereits ein ausgebildeter Krieger, noch ein wortgewandter Redner war. Dem Erzähler geht es darum, das Ideal des jungen Mannes, der nun am Königshof ausgebildet wird und später selbst zum Thronfolger aufsteigt, aufzuzeichnen.[62] Der Erzähler legt dem Höfling Sauls sein eigenes Urteil in den Mund: Jahwe ist mit David. Dieser Vers ist für die Legitimation Davids als König wichtig.

Saul schickt in V. 19 einen Boten zu Isai und lässt David zu sich holen. Warum David von seinem Vater so viel Proviant mit auf den Weg bekommt, ist nicht eindeutig zu beantworten. Meiner Interpretation nach fühlt sich Isai vom König geehrt und schenkt ihm das Reittier, mitsamt des Proviants, als Zeichen der Dankbarkeit.

Saul baut ein gutes Verhältnis zu David auf und macht ihn zu seinem Waffenträger, was auf ein sehr hohes Maß an Vertrauen schließen lässt. Deshalb ist es auch nicht verwunderlich, dass David eine Festanstellung am Hof angeboten bekommt. Die Perikope schließt mit einem harmonischen Ende. Immer, wenn Saul depressiv ist oder an Verfolgungswahn leidet, spielt David für ihn auf der Leier. Dies verbessert Sauls Gemütszustand.

---

[60] Vgl. Bar-Efrat: Samuel, 232.
[61] Vgl. Stolz: Samuel, 110.
[62] Vgl. Hentschel: Kommentar, 106f.

Die Textkritik hat gezeigt, dass der Masoretische Text dem Urtext am nächsten kommt. Er ist die kürzere und schwierigere Lesart und gilt als zuverlässiger Textzeuge.

Die Textstelle 1. Sam 16_{14-23} ist nach vorne und nach hinten eindeutig abgegrenzt und bildet eine in sich geschlossene Geschichte. Der Abschnitt erzählt von der ersten Begegnung zwischen dem amtierenden und dem zukünftigen König Israels. Zu bemerken ist, dass hier der Anfangspunkt der Aufstiegsgeschichte mit der Ankunft Davids an Sauls Hof markiert ist. Der ursprüngliche Schluss folgt, als David keinen Erfolg mehr bei der Vertreibung des Geistes hat und vor dem gereizten Saul fliehen muss (Vgl. 1. Sam 18, 10f. und 1. Sam 19, 9f.). [63] So beantwortet die Sage die Frage, weshalb David aus der Umgebung Sauls verschwinden musste. [64]

Die Spannung ist in V. 20 am höchsten, als David von seinem Vater zum König entsandt wird. Das Positive im Text hat immer einen klaren Bezug zur Person David. Alles Negative wird mit Saul verbunden. Dies zeigt den Anfang der Aufstiegsgeschichte und deutet bereits auf den weiteren Verlauf der Geschichte hin.

Sam 16_{14-23} kann als *Einfache Einheit* klassifiziert werden. Innerhalb der Erzählung gibt es keine Spannungen, Dubletten oder Widersprüche. Erst im Kontext des Buches sind diese zu erkennen. Inhaltlich ist der Text ebenso stimmig. Die Perikope wurde wahrscheinlich als einzelne Geschichte überliefert und dann in den Gesamtzusammenhang eingebettet.

Die Aufstiegsgeschichte Davids setzt voraus, dass Saul amtierender König ist. Deshalb sind die Erzählungen über Sauls Herrschaft vorangestellt. [65] Die Salbung Davids durch Samuel in 1. Sam 16_{1-13} ist eigentlich eine jüngere Einheit. Sie wird jedoch der Aufstiegsgeschichte vorgeschoben. Samuel legitimiert David als König und zeigt, dass Gott nun nicht mehr mit Saul, sondern mit David ist und macht Davids Aufstieg durch Gottes Mit-Sein möglich. [66] David kann das Erbe Sauls antreten.

Die heutige Forschung sieht die Aufstiegsgeschichte Davids, von 1. Sam 16_{14} – 2. Sam 5_{12}, als einen Erzählzusammenhang an. Innerhalb dieser Geschichte sieht man einzeln überlieferte Sagen und Anekdoten, die der Verfasser gesammelt und in einen Zusammenhang gebracht hat. Man nimmt an, dass die Erzählung *David bei Saul* historisch auswertbare Daten enthält.

---

[63] Vgl. Stolz: Samuel, 109.
[64] Vgl. Stolz: Samuel, 109.
[65] Vgl. Hentschel: Kommentar, 40.
[66] Vgl. Ebd.

Die Literatur spricht bei dieser Sage von einer *Aufstiegserzählung*. Der Sitz im Leben liegt am Hof Sauls. Die Sprachmuster liegen im Bereich des Hoflebens um einen König. Die Perikope wird in das 10.-9. Jh.v.Chr. datiert. Die Existenz Davids als historische Person steht zwar außer Frage, dennoch gibt es keine brauchbaren archäologischen Zeugnisse. Die Perikope 1. Sam 16_{14-23} kann also nur als fiktive Geschichte bezeichnet werden. Mit dem Hintergrund der politischen, wirtschaftlichen und gesellschaftlichen Verhältnisse und den damit auftretenden Parallelen zum Alten Testament, wird eine gewisse Historizität der Ereignisse wahrscheinlicher.

8.2 Gesamtinterpretation

Die Perikope 1. Sam 16_{14-23} steht im Kontext der deuteronomistischen Schule und setzt den Anfang der Aufstiegsgeschichte Davids. Im vorangehenden Text wird David von Samuel gesalbt und erfährt somit die Zuwendung Gottes. Dieses *Mit-Sein* Jahwes ist ein Leitmotiv der Aufstiegsgeschichte Davids. David wird als intelligenter, rechtschaffener, tapferer und charismatischer junger Mann beschrieben, der somit alle Eigenschaften eines Königs aufweist und „ [...] sich genau in das von Jahwe vorgezeichnete Bild eines gerechten, alle Normen des Lebens beachtenden Königs einfügt"[67]. Im Gegenzug wird Saul als angreifbarer und kranker Herrscher beschrieben, der den Anspruch auf den Thron verloren hat, da er nicht auf Gottes Wort hört.

Es entstand eine aus Einzelüberlieferungen und eigenständiger Neugestaltung geprägte Aufstiegsgeschichte, die zu einer legitimen Fortsetzung der Davidsdynastie führt.[68]

---

[67] Stolz: Samuel, 17.
[68] Vgl. ELB, 2. Sam 7

9. Literaturverzeichnis

Adam, Klaus Peter: Saul und David in der judäischen Geschichtsschreibung. Studien zu 1 Samuel 16 – 2 Samuel 5. Forschungen zum Alten Testament (51). Tübingen 2007.

Bar-Efrat, Shimon: Das Erste Buch Samuel. Ein narratologisch-philologischer Kommentar. In: Dietrich, Walter/Balz, Horst. Beiträge zur Wissenschaft vom Alten und Neuen Testament (Heft 16/176). Stuttgart 2007.

Berlejung, Angelika: Geschichte und Religionsgeschichte des antiken Israel. In: Gertz, Jan C. (Hg.): Grundinformation Altes Testament: Eine Einführung in Literatur, Religion und Geschichte des Alten Testaments. Göttingen 2006.

Carr, David M.: Einführung in das Alte Testament. Biblische Texte – imperiale Kontexte. Stuttgart 2013.

Dietrich, Walter: Samuel. In: RGG[4], Bd. 7, 823.

Elberfelder Bibel, revidierte Fassung. Die Heilige Schrift. Aus dem Grundtext übersetzt. R. Brockhaus Verlag Wuppertal und Zürich 1995.

Große Konkordanz zur Elberfelder Bibel (revidierte Fassung). Wort- und Zahlenkonkordanz. Brockhaus Verlag Wuppertal und Zürich, 1993.

Hentschel, Georg. Samuel. In: LThK[3], Bd. 8, 1516f.

http://www.bibelwissenschaft.de/wibilex/das-bibellexikon/lexikon/sachwort/anzeigen/details/david-3/ch/d44778188023b378f5b12fa88287b1a6/#h6 (30.06.14)

http://www.bibelwissenschaft.de/wibilex/das-bibellexikon/lexikon/sachwort/anzeigen/details/krankheit-und-heilung-at-3/ch/b966be1d644e7c935682914461822921/ (01.08.14)

Mommer, Peter: Samuel. In: TRE, Bd. 30, 1ff. (1999)

Scharbert, Josef: Rut. Hentschel, Georg: 1 Samuel. In: Plöger, Josef/Schreiner, Josef (Hg.): Die Neue Echter Bibel. Kommentar zum Alten Testament mit der Einheitsübersetzung. Würzburg 1994, 31-159.

Stolz, Fritz: Das erste und zweite Buch Samuel. In: Froher, Georg/Schmidt, Hans Heinrich/Schulz, Siegfried (Hg.): Zürcher Bibelkommentare (AT 9). Zürich 1981.

Wagner, David: Geist und Tora. Studien zur göttlichen Legitimation und Delegitimation von Herrschaft im Alten Testament anhand der Erzählungen über König Saul. Arbeiten zur Bibel und Ihrer Geschichte (Band 15). Lux, Rüdiger/Schnelle, Udo (Hg.). Leipzig 2005.

Zenger, Erich u.a.: Einleitung in das Alte Testament[8]. In: Frevel, Christian (Hg.): Studienbücher Theologie (1,1). Stuttgart 2012.